Soup Joumou Not Just A Soup

Mary M. William & Judith C. Mathieu

PURPLE OWL PUBLISHING
Newton, MA 02461
Copyright 2021
All rights reserved
Including rights of reproduction in whole or in part in any form.
Follow us on Facebook
@PurpleOwlPublishing

"To everyone impacted by slavery,
past and present"

Anabelle ak Alix ap tann selebrasyon nouvèlan an ak anpil eksitasyon.

Anabelle and Alix are super excited about the New Year celebration!

Chak premye janvye, Granmè Cleo fè soup joumou pou tout fanmiy nan.

Every January 1st, Grandma, Cleo makes Soup Joumou for the family.

Ane sa a Anabelle ak Alix pral ede Granmè Cleo prepare soup la!

This year Anabelle and Alix are going to help Grandma Cleo make the soup!

"Anabelle!" Alix rele pandan l kanpe sou galri a, antre vin anndan, Granmè Cleo vle pale avè nou de legim ak lòt engredyan li pral mete nan soup joumou an.

"Anabelle!" Alix calls from the front porch, "Come, come inside Grandma Cleo wants to teach us about vegetables and other ingredients she will be using for the soup joumou."

11

Pandan Anabella ak Alix ap antre nan kuizin nan, Alix rele, "Wow! Gade jan on panye boure ak legim!"

As Anabelle and Alix walk into the kitchen, Alix exclaims, "Wow! Look at that basket full of vegetables!"

13

"Wi," Granmè di, "sa se seleri, ak Kawòt, epi sa a se pòmdetè, pwawo, epi makawoni, zonyon, ak navè" pandan lap idantifye chak engredyan pou Anabelle ak Alix.

"Yes," says Grandma, "Here's celery, and carrot, and this is potato, and leek, and macroni, onion, and turnip." identifying each ingredient for Anabelle and Alix.

"Epi eske w konnen engredyan nimewo en pou soup nou an?" Granmè Cleo mande. Tou le de rele byen fò: "joumou!"

"And do you know the number one ingredient for our soup?" asks Grandma Cleo. They both shout "joumou!"

Ala minit ke Anabelle ak Alix fin idantifye tout sa yo bezwen pou soup la, Granmè komanse koupe legim yo.

Once Anabelle and Alix have identified everything they need for the soup, Grandma begins to cut up the vegetables.

Pandan Anabelle ak Alix ap triye engredyan yo, Anabelle mande, "Poukisa nou bwè Soup Joumou chak premye Janvye?"

While Anabelle and Alix sort the ingredients, Anabelle asks, "Why do we eat Soup Joumou every January 1st?"

"Hmmm" Granmè gwonde, "Pitit cheri m yo, premye Janvye se yon gwo jou pounouAyisyen. Se Jou Endepandans epi Soup Joumou se yonn nan senbòl nou itilize pou selebre."

"Hmmm." Grandma murmurs, "My darlings, January 1st is a big day for us Haitians. It is Independence Day and Soup Joumou is one of the symbols we use to celebrate."

23

Granmè Cleo mande Anabelle ak Alix pou fèmen zye yo on fason pou yo imajine sal te pral di yo a.

Grandma Cleo asks Anabelle and Alix to close their eyes so they could visualize what she was about to tell them.

"Anpil anpil ane avan Ayiti te pran endepandans li nan men la France, te genyen esklav."

"Many many years ago before Haiti gained its independence from France, there were slaves."

"Yo te defann zansèt nou yo, esklav yo, bwè Soup Joumou paske se te yon manje pou moun lib."

"Our ancestors, the slaves, were forbidden to eat Soup Joumou because it was a dish for the free."

"Lè eskalv yo te genyen libète yo, yo kòmanse on gwo fèt kote yo pran plezi nan bwè soup joumou paske koulyea yo te lib tou."

"When the slaves won their freedom, they began their celebration with enjoying Soup Joumou because now they were also free.

Anabelle ak Alix louvri zye yo trè laj. "Ki donk Granmè, nou bwè Soup Joumou pou se-lebre libète nou", Anabelle di.

Anabelle and Alix's eyes open very wide. "So Grandma, we eat Soup Joumou to celebrate our freedom, " Anabelle says.

"Epi tou pou selebre zansèt nou you, ki te batay pou libète nou ansanm ak tou esklav yo ki pat janm gen chans pou bwè Soup Joumou'" Alix ajoute.

"And to celebrate our ancestors, who fought for our freedom and all the slaves who never had the chance to eat Soup Joumou." Alix adds.

Anabelle ak Alix te vin byen tris lè yo te kòmanse reyalize poukisa Soup Joumou pat sèlman yon Soup.

Anabelle and Alix become very sad as they begin to realize why Soup Joumou is more than a soup.

36

De timoun you te prye Granmè yo pou envite vwazen ki pi kole lakay yo pou you vin goute sou pou mou lib yo.

The two children beg their Grandma Cleo to invite their close neighbors to taste the soup for the free.

Anabelle ak Alix te kouri vit al envite vwazen yo. "Granmè nou prepare soup pou tout mou ki lib epi nou ta renmen pataje l avèw!"

Anabelle and Alix quickly run to invite their neighbors.
"Our Grandma made soup for the free and we want to share with you!"

Anpil nan vwazen yo te debake nan kuizin Granmè a. Anabelle ak Alix te kontan pou te rakonte yo istwa Soup Joumou an.

Many of their neighbors arrive in Grandma's kitchen. Anabelle and Alix are happy to tell them the history of Soup Joumou.

Vwazen yo rekonesan pou istwa a epi yo te pran plezi bwè Soup Joumou an jis nan dènye gout la.

The neighbors are appreciative of the history and enjoy every last drop of the Soup Joumou.

Anabelle rele, "Mkonnen sa nou ka fè. Nou tout ka plante epi kiltive joumou pa nou ak grenn ki soti nan joumou w lan, Granmè Cleo."

Anabelle exclaims, "I know what we can do! We can all plant and grow our very own joumou with the seeds from your joumou, Grandma Cleo."

Tout moun dakò ke sa vrèman se yon bèl lide. Se pou sa chak vwazen resevwa on tiponyen grenn joumou pou pote lakay yo.

Everyone agrees that it is indeed a brilliant idea. So each neighbor receives some joumou seeds to take home with them.

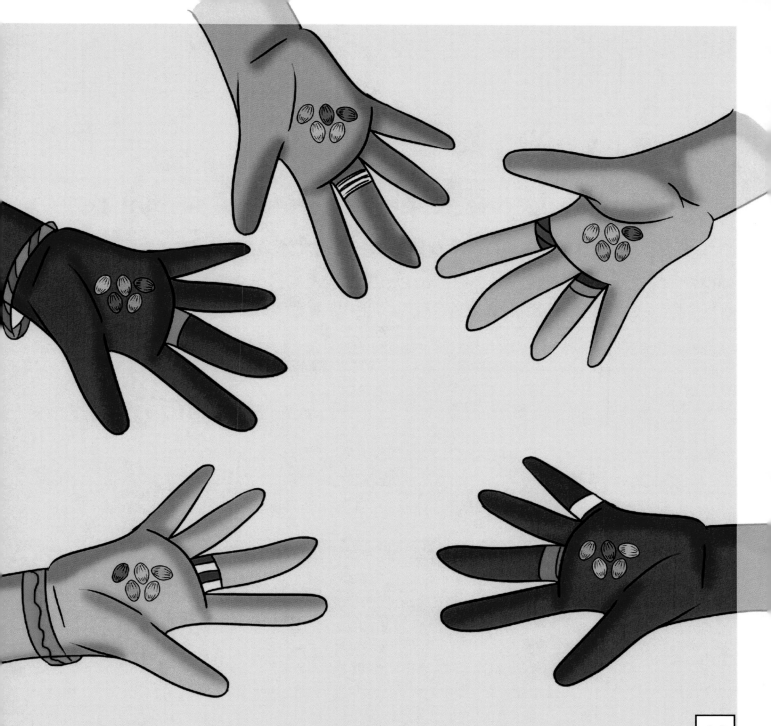

Anabelle di, "M paka tann pou m plante grenn joumou yo lè prentan rive."

Anabelle says, "I can't wait to plant the joumou seeds in the spring."

Alix di, "M gon lide, ann fè sa chak ane!"

Alix says, "I have an idea, let's do this every year!"

Chak moun dakò se vrèman on bèl panse epi yo deside ansanm ke yo pral plante joumou nan prentan chak ane on fason pou yo sonje ki jan l enpòtan ke yo ka patajesenbòl pouvwa.

Everyone agrees this is a great idea and decides together that they will plant joumou in the spring every year so they remember the importance of the ability to share symbols of power.

Fen

The End

SOUP JOUMOU ACTIVITIES
AKTIVITE SOUP JOUMOU

Premye Aktivite
Ki lide prensipal istwa a. Idantifye omwen 2 detay ki sipòte lide prensipal la.

LIDE PRENSIPAL LA:

Dezyèm Aktivite
Soup Joumou se yon senbòl libète nan kilti aysyen an. Ekri epi fè senbòl ki reprezante libèt nan kiltiw.

Twazyèm Aktivite
Konvèsasyon an gwoup
Ki kalite legim ou ta kiltive nan jaden w?

STORY ACTIVITIES

Activity 1
What is the main idea of the story?
Identify at least two details that support the main idea.

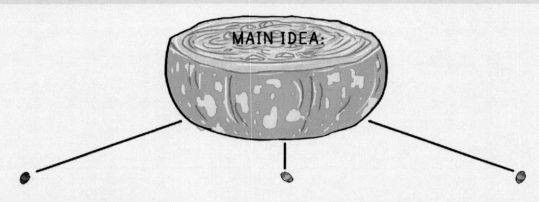

MAIN IDEA:

Activity 2
Soup Joumou is a symbol of freedom in the Haitian culture.
Write and draw some symbols that represent freedom in your culture.

Activity 3
What kind of vegetables would you grow in your garden?

About the Authors:

Mary M. William is a certified social worker, who recently retired from the Boston Public Schools (BPS) where she served as district liaison for 26 years. She founded Homeless Education Resource Network (HERN) and is the co-founder of CEEDS4Change, a non-profit organization founded in 2018. Mary expanded CEEDS4Change to St. Lucia where parallel programming exists. She served as a board member of the Action for Boston Community Development (ABCD) representing BPS and is an alum of LeadBoston, a professional development program of the Boston Center for Community and Justice and is fluent in French-Creole as well as English. Mary lives between St. Lucia, West Indies and Randolph, Massachusetts. Mary is co-author of Oh! We're little gardeners as well as an upcoming book, Afrocentric Cooking.

Judith C. Mathieu is a Boston Public Schools teacher. She currently teaches Grade two Haitian Dual Language at the Mattahunt Elementary/ Toussaint L'Ouverture Academy, the first Haitian Dual Language program in the nation. She is originally from Haiti and moved to Boston when she was 16. Judith is a firm believer in using materials that are culturally relevant to her classroom. Her goal is to ensure that all her students have access to high quality education across the board. Judith is married and has three children. During her spare time, she enjoys cooking different ethnic dishes, reading children's books, and being a mentor to new immigrant parents in the Haitian community.

Acknowledgements:

Firstly, thanks to the CEEDS4Change board members for sharing a vision and mission to reduce food insecurities in the Boston area.

Thank you to Dr.Debra Harkins and her Community Psychology students at Suffolk University who aided in bringing this book together. With special thanks to Emily Briggs, Nectali Pérez, Ruijie Wu, Eugenia Garza, and Sofiya Bizyayeva.

Much gratitude to the Haitian Dual Language educators at the Mattahunt School in Boston MA, for always encouraging the children to always embrace their culture. Many thanks to Ms. Mathieu's husband Francois for his unlimited support and to Cleomene for making sure her grandchildren are fluent Haitian Creole speakers.

A huge thank you to Dr. Guy Apollon for translating this story into Haitian Creole and to our Illustrator Ilma Salman.

Please visit us at:
www.ceeds4change.org

Made in United States
North Haven, CT
04 May 2022

18863287R00035